CB126927

Belas Letras.

MÚSICA CULTURA POP CINEMA

VIOLET FAZ A PONTE SOBRE A GRAMA

Lana Del Rey

Belas Letras

Copyright © Lana Del Rey, 2020
Título original: *Violet bent backwards over the grass*
Publicado mediante acordo com a Simon & Schuster.

Nenhuma parte desta publicação pode ser reproduzida, armazenada ou transmitida para fins comerciais sem a permissão do editor. Você não precisa pedir nenhuma autorização, no entanto, para compartilhar pequenos trechos ou reproduções das páginas nas suas redes sociais.

Publisher
Gustavo Guertler
Coordenador editorial
Germano Weirich
Supervisora comercial
Jéssica Ribeiro
Gerente de marketing
Jociele Muller
Supervisora de operações logísticas
Daniele Rodrigues
Supervisora de operações financeiras
Jéssica Alves

Edição
Belas Letras
Tradução
Alana Carolina Martins
Consultoria
Marina Boff Guertler
Adaptação da capa e do projeto gráfico
Celso Orlandin Jr.
Projeto original
Simon & Schuster

Este livro é uma obra de ficção. Quaisquer referências a eventos históricos, pessoas ou lugares reais são usadas de maneira fictícia. Outros nomes, personagens, lugares e eventos são produtos da imaginação do autor, e qualquer semelhança com eventos, lugares ou pessoas reais, vivas ou mortas, é puramente coincidência.

2025
Todos os direitos desta edição reservados à
Editora Belas Letras Ltda.
Rua Visconde de Mauá, 473/301 – Bairro São Pelegrino
CEP 95010-070 – Caxias do Sul – RS
www.belasletras.com.br

Dados Internacionais de Catalogação na Fonte (CIP)
Biblioteca Pública Municipal Dr. Demetrio Niederauer
Caxias do Sul, RS

D364v Del Rey, Lana
Violet faz a ponte sobre a grama / Lana Del Rey; tradutora Alana Carolina Martins. - Caxias do Sul, RS: Belas Letras, 2025.
128 p.: il.

Título original: *Violet bent backwards over the grass*
ISBN 978-65-5537-473-5 (capa dura)
ISBN 978-65-5537-471-1 (brochura)

1. Poesia americana. I. Martins, Alana Carolina. II. Título.

25/2 CDU 820(73)-1

Catalogação elaborada por Vanessa Pinent, CRB-10/1297

Dedicado àquele cujas mãos gastas e quentes da tarde encontrarem estas páginas — onde quer que você as encontre. Que você possa se lembrar que o mundo está conspirando a seu favor e que você deve agir de acordo.

Violet fAz a pOnte Sobre a gRama

Violet Faz a Ponte Sobre a Grama

Fui a uma festa
cheguei animada
tomei decisões antecipadamente
minha mente inventou
coisas que me fariam feliz
fazendo-as ou não
cada opção ponderada silenciosamente
um plano para cada pensamento

Mas aí passei pela porta
além do conceito aberto da casa

e vi Violet
        fazendo a ponte sobre a grama
7 anos de idade com dentes-de-leão apertados
                          firmemente em suas mãos
arqueada como uma ponte em uma parada de mãos caída
sorrindo exageradamente como uma louca
com a exuberância que apenas fazer nada torna propício
esperando o início dos fogos de artifício

e naquele momento
decidi fazer nada em relação a tudo

pra sempre.

Pés descalços no linóleo

Mantenha-se em seu caminho Sylvia Plath
não caia como todos os outros

Não carregue todos os seus segredos sozinha para o seu túmulo submerso sobre
amantes e mãe

Os segredos profundos te manterão no fundo do poço como pai
e Amy e irmão
E todas as pessoas que você encontrar na rua repetirão mentiras
que ela proferiu

Deixe-me em paz eu choro
tarde da noite em um barco lento com destino à Catalina sem porquês remotos

gotículas de suor se espalham pela minha testa
poderiam até parecer gotas de orvalho se estivéssemos na época de fotos.

Mas afinal esta é a vida real — e tem sido uma luta real para
impedir minha mente de cometer traição.
Por que, você pergunta?
Porque ela disse às pessoas da cidade que eu era louca e eles
passaram a acreditar nas mentiras

Mas enfim — já deixei isso pra trás

E agora que eu cortei laços
Me pergunto para onde ir daqui em diante.
Para Sonoma onde os incêndios acabaram de se dissipar?
Dakota do Sul?

Parar em frente ao Monte Rushmore daria a mesma sensação de participar
do grande homecoming americano que eu nunca tive?

A magnitude das esculturas tomaria o lugar
do abraço caloroso que nunca conheci?

Ou eu deveria apenas estar aqui agora
Na cozinha
Pés descalços no linóleo
Entediada — mas não infeliz
Cortando vegetais sobre a água fervendo que vou mais tarde transformar
em um ensopado.

O que aconteceu quando eu te deixei

Pétalas perfeitas adornam os tecidos em amarelo e azul
bandejas de prata com morangos espalhados pela sala

Na Zimmerman de sandálias e um único vestido de verão para escolher

Três garotas
olhos revirados
risadas altas
partículas de poeira iluminadas pela tarde

Minha vida está doce como limonada agora não há fruta amarga
brilho eterno de uma mente sem lembranças
nenhuma recordação de você

Meus pensamentos mudaram
minha voz está mais alta
agora eu te superei

Sem flashes na minha mente filmes
são exibidos em Bellevue

Porque capturei a sensação de ter meu desejo realizado
e naveguei para Xanadu

O luto que veio em ondas revoltas consegui navegar

O ardor do meu desejo como impulso para uma futura viagem a Malibu

agora tudo o que tenho é perfeito
quase nada a fazer

apenas arranjos de flores perfeitos
cadeiras verdes bordadas
um vestido para escolher

LA, Quem Sou Eu Para Te Amar?

LA, eu venho de lugar nenhum quem sou eu para te amar

LA, não tenho nada quem sou eu para te amar

se me sinto assim
e tenho nada a oferecer

LA
não é bem a cidade que nunca dorme
não é bem a cidade que acorda
Mas a cidade que sonha com certeza
se por sonhos você quer dizer pesadelos.

LA
Sou uma sonhadora mas
Eu venho de lugar nenhum quem sou eu para sonhar

LA
Estou chateada!
Tenho reclamações!
Me escute
Dizem que eu venho de uma família rica mas não venho e eu nem
mesmo fui amada e isso é injusto

LA
Vendi os direitos da minha vida por um grande cheque
mas agora não consigo dormir à noite e não sei o porquê
além disso eu amo a Saks então por que fiz isso quando sei
que não vai durar

LA
Escolhi São Francisco porque o homem que não me ama
mora lá

LA!
Eu sou patética
mas você também é
posso voltar para casa agora?

Filha de ninguém
mesa para um
festa para milhares de pessoas que eu não conheço no Delilah
onde meu ex-marido trabalha
Estou tão farta disso
Mas

Posso voltar para casa agora?
Mãe de ninguém
jatinho particular para um
de volta para a casa estilo Tudor que deu origem a mil planos de
assassinato

Hancock Park me tratou muito mal estou ressentida.

A bruxa na esquina
a vizinha que ninguém queria
o motivo pelo qual Garcetti tem segurança reforçada.

LA!
Eu sei que sou má mas não tenho nenhum outro lugar para
ir posso voltarpara casa agora?
Eu nunca tive uma mãe
você vai me permitir que eu faça o sol ser meu agora
e o oceano meu filho
Sou muito boa em lidar com as coisas apesar da forma como fui criada
Posso erguer suas montanhas?
Eu prometo mantê-las mais verdes   fazê-las minhas filhas
ensiná-las sobre incêndios alertá-las sobre a água

Me sinto sozinha LA
posso voltar para casa agora?

Abandonei minha cidade para viver em São Francisco
Escrevo da golden gate bridge mas não está saindo
como planejado
Peguei carona com um bilionário e trouxe minha
máquina de escrever e prometi a mim mesma que ficaria
mas
não está sendo como imaginei
não é que eu me sinta diferente
e não me importo que não esteja quente

só que eu não pertenço a ninguém, o que significa
que só há um lugar para mim
a cidade não tão acordada
a cidade não tão adormecida
a cidade que é algo mais — algo no meio do caminho
a cidade que ainda está decidindo
o quão boa pode ser
e também

Não consigo dormir sem você

Ninguém jamais realmente me segurou como você
não exatamente com firmeza
mas certamente sinto seu corpo perto de mim
fumando perto de mim
usando vape suavemente perto de mim
e eu amo que você ame as luzes neon
como eu
Laranja
à distância. Nós dois amamos isso e eu amo termos
isso em comum.

Além disso nenhum de nós pode voltar a Nova York.
Você, é imóvel.
Quanto a mim, não será minha cidade novamente até que eu morra.
Foda-se o New York Post!

LAAAAA!
Quem sou eu para precisar de você quando já precisei tanto
pedi tanto
e o que recebi não tenho certeza talvez eu nunca saiba também
até que eu morra.

Mas por enquanto
o que eu sei é que não te mereço —
não você no seu melhor, no seu esplendor com imponentes
eucaliptos que balançam no meu reino
Não você no seu pior —
totalmente em chamas, inabitável irrespirável.
Não mereço você nem um pouco
Veja bem — Você tem uma mãe
uma plataforma continental
um pedaço de terra maior de onde veio.

E eu sou uma órfã
uma pequena concha que repousa sobre suas costas nativas
uma de muitas tenho certeza mas por conta disso
Eu certamente devo te amar de perto mais do que qualquer outra pessoa.

Por este motivo —
Me deixe te amar
não ligue para meu desespero
me deixe te abraçar não só nas férias mas de verdade e para sempre
Torne a vida real, me deixe ser uma esposa de verdade para você.
Namorada, amante, mãe, amiga.
Eu te adoro
Não se deixe abalar pelas minhas palavras rápidas
Eu geralmente sou bem quieta, bastante meditativa
na verdade vou me dar muito bem no templo de realização do
Paramahansa Yogananda tenho certeza.
Prometo que você nem vai me notar
a não ser que queira me notar
a não ser que prefira uma criança indisciplinada
nesse caso posso ser isso também!
Sou ótima no palco como deve saber, talvez já tenha ouvido meu nome?

Então de qualquer forma vou me encaixar muito bem
então apenas me ame sem que eu faça nada
exceto talvez por não mexer com a divisa do condado.
Eu sou sua se você me quiser
silenciosa ou estrondosamente
sinceramente sua filha
independentemente
você é minha.

eu meço o tempo pelos dias que passei longe de você

esse pensamento me ocorreu

enquanto eu observava o céu escurecer do azul

A Terra dos 1000 incêndios

Dois trens azuis-acinzentados percorrem os túneis dos seus
frios olhos azuis-acinzentados
Vernon
Pedreira
A vastidão que não significa nada em minha bela mente
Dylan
ouço Dylan quando olho para você
posso vê-lo em meu braço em tinta invisível como uma tatuagem
O yin do meu yang
a dureza da minha suavidade eterna
Um exemplo marcante de masculinidade
firme em sua verticalidade
certo em seu confronto contra todos os elementos
e dualidade
O sol da minha margarida murcha
A terra para a flor silvestre que não se importa com onde cresce

Vernon
tudo está queimado aqui
não há como escapar
o ar está frito e em chamas
Eu nunca me apaixonei de verdade
mas seja qual for esse sentimento
desejo que todos possam experimentá-lo
este lugar parece como uma pessoa
familiar
como alguém que eu já estive ao lado
mas nunca enquanto você esteve ao meu lado
Obrigada
por estar aqui
por aguentar testemunhar a minha vastidão

Ao longo dos anos eu te trouxe para perto e te afastei da minha órbita
Você, em sua loucura
o satélite que está constelando o meu Mundo
mimetizando o caos interno que deserdei
um espelho da retribuição da minha vida passada
um reflexo da minha tristeza
Se vou continuar vivendo da maneira que estou vivendo
não posso fazer isso sem você.
Meus pés não estão no chão
preciso do seu corpo para me firmar
o seu nome para me definir
além de ser mulher
estou assustada
e
etérea
e

existem sete planetas em meus olhos

estou acessando todos de uma só vez

um de onde retiro minhas palavras e minhas musas
outro que tento dominar tarde da noite que se localiza em algum lugar
à direita de Júpiter
e aí é claro há este em que moro
a terra dos 1000 incêndios
é aí que você entra

Você
Vernon
Dylan
Dois trens azuis-acinzentados
percorrendo os túneis dos seus
frios olhos azuis-acinzentados

para me guiar para longe do planeta dos meus primeiros dias
que não consigo distinguir direito
que me atrai para os altos penhascos no mar
em longas viagens de carro

rumo a um lugar futuro
um mundo desconhecido para mim
formado por algo surreal e flores
Escorrendo em sistemas solares Gigantescos

Você Vernon Dylan

nenhuma palavra é necessária para absorver as
noites escuras
nenhuma explicação para os globos em meus olhos
ombro a ombro sob a luz da fábrica
me deixando ser quem eu teria sido
se tudo tivesse dado certo

3 finais alternativos
percorrem meu sangue gelado
eu prospero porque afirmo que prospero
e porque é isso que escrevo

Mas honestamente se você não estivesse aqui
não sei como as coisas seriam

É por isso que não importa em que planeta eu esteja
eu me guio por satélite
Vernon
Dylan
e você em sua loucura

dois trens percorrendo
seus frios olhos azuis

VERNON
SALAD FARM
CUSTOMER
PARKING
ONLY
VIOLATORS
WILL BE TOWED

CITY OF
VERNON

Never to Heaven

May my eyes always stay level to the horizon
may they never gaze as high as heaven
to ask why

The whys in this lifetime i've found
are inconsequential compared to the magic of the nowness
~~which is~~ the solution to most questions So as to have to ask
May i never go where angels fear to tread - To make the fool fly reasons in the sky
there are no reasons
and if there are, i'm wrong.
But at least i won't have spent my life waiting
looking for god in the clouds of the dawn
listening out for otherworldly contact
30 billion light years on

No I'll let the others do the pondering
and while they do i'll be on my lawn
reading something unsubstantial with the television on

i'll be up early to rise though of course-
but only to make you a pot of coffee

That's what i was thinking this morning Joe-
that it's times like this
as the marine layer lifts
off the sea from the view of our favorite restaurant
that i pray that i may always keep my eyes level to your eye line
never downcast at the table cloth
too nervous to share my innermost thoughts
with you

You see Joe
it's times like this as the marine layer lifts
off the sea on the dock where we're standing w/ the candle lit
that i think to myself
there's things you still don't know about me
like sometimes i'm afraid my sadness is too big
and that one day you might have to help me handle it
but until then-

May i always keep my eyes level to this skyline
assessing the glittering new development
off the coast of Long Beach
never to heaven

Because i have faith in man as strange as that seems
in times like these
and it's not just because of the warmth i've found in your brown eyes-
it's because I believe in the goodness in me
that it's firm enough to plant a flag in
or a rosebud
or to build a new life.

Nunca Para o Céu

Que meus olhos sempre permaneçam voltados ao horizonte
que nunca olhem tão alto quanto ao céu
para perguntar o porquê
Que eu nunca vá onde os anjos temem pisar
para não ter que buscar respostas no céu
Os porquês desta vida descobri que são insignificantes
comparados à magia do agora — que é a solução para a maioria das perguntas
não há razões.
e se houver — estou errada
mas ao menos não terei passado a vida esperando
procurando deus nas nuvens do amanhecer
ou tentando ouvir contatos de outro mundo
a 30 bilhões de anos-luz de distância
Não. Deixarei que os outros ponderem
enquanto estarei sentada no gramado
lendo algo leve
com a televisão ligada
acordarei cedo é claro —
mas só pra te preparar uma cafeteira cheia
É isso que estava pensando esta manhã Joe
que são momentos como este enquanto a camada de névoa se levanta
do mar na vista do nosso restaurante favorito
que rezo para que eu
sempre mantenha meus olhos alinhados à linha dos seus
nunca baixos fixos na toalha de mesa
Sim Joe
são momentos como este enquanto a camada de névoa se levanta
do mar no cais com a vela acesa
que penso comigo mesma
há coisas que você ainda não sabe sobre mim
como quando às vezes tenho medo que minha tristeza seja grande demais
e que um dia você talvez tenha que me ajudar a lidar com ela

mas até lá
que eu sempre mantenha meus olhos voltados a este horizonte
avaliando o novo empreendimento cintilante
no largo da costa de Long Beach
nunca ao céu ou ao espectro
Porque eu tenho fé na humanidade por mais estranho que pareça
em tempos como este
e não é só por causa do calor que encontrei nos seus
olhos castanhos
mas porque acredito na bondade em mim
que é sólida o suficiente para fincar uma bandeira
ou um
botão de rosa
ou construir uma nova vida.

Tessa DiPietro

Ninguém jamais me tocou sem querer me matar
exceto uma curandeira na 6ª avenida com a Ridgeley

Tessa DiPietro recomendada casualmente
por uma médium que já não conheço

Ela disse que meu maior problema era que meu campo espiritual era
desconfiado quando perguntei o que fazer ela parou e respondeu
nada
e isso me levou a chorar aos soluços incontrolavelmente
porque nunca há nada que possamos fazer sobre as coisas
importantes

Ela disse
Ok, uma coisa que você pode fazer é
imaginar o chão subindo para te sustentar
e afundar na cabeceira da cama que está atrás de você
muito da sua energia está à frente e acima de você

Por alguma razão isso me fez lembrar de um show ao vivo que vi
Jim Morrison no Hollywood Bowl
1968? (verificar data)
as luzes azuis entrelaçadas lhe davam uma aura incomum
como uma auréola ou algo assim — e o faziam parecer ter 2,5 metros
de altura ou mais me lembro de pensar que ele parecia estar fora
do próprio corpo mas definitivamente como um Deus no palco

Então eu disse a ela
Talvez um artista precise agir de maneira um pouco prepotente
se realmente quiser transmitir algo celestial

E ela me respondeu
A singularidade do foco é a chave para a transmissão
com ênfase em desenvolver a intuição interior
feche os olhos e sinta onde está sua atenção
se estiver na parte de trás dos olhos leve-a até o centro
do seu coração
e faça desse o novo lugar de onde seus pensamentos partem
a clarividência vem em grande parte dessa simples função

Ah — e Jim morreu aos 27 anos
então encontre outra referência quando mencionar
o céu
E você já leu a letra de "People Are Strange"?
Ele não fazia sentido.

Além dos arbustos Ciprestes prosperando

Eu o vi no espelho
você estava com um penteado diferente
carregando um ar diferente
Você diz que quer o cabelo longo dividido ao meio
Longo em solidariedade — usado para todas as mulheres dele

Long Beach

Sem destino

seus dedos limpando óleo no papel c/ precisão
c/ decisão como um artista nunca visto ainda assim com uma visão

C/ um propósito
Encarou o teto c/ veneno
não a grama
mas direto à frente
Apenas o horizonte
c/ precisão
visão de laser

o tempo parava
se movendo através de vc.
Vc ditava
pelo que movia vc

  apenas se movendo, nunca pensando

Acompanhe o sol que está lentamente afundando
no auge da tarde
No calor do anoitecer de verão
Como uma fênix como um rastro químico como um comprimento de uma
onda Que ninguém está reivindicando

Georgia O'Keeffe
Pêssegos da Geórgia
Sem fazer nada além de estar pintando
Para sempre
Esqueça os professores
Perdoe-o por alguma vez ter partido

o amor está crescendo
Sem estar resistindo
bochechas estão corando
Agora você está vivendo

Diga adeus agora
  sem estar resistindo
Viva sua vida como
  se ninguém estivesse ouvindo

Seja a arte que a vida está respirando
Seja a alma que o mundo está vivendo.

Faça o que você quiser
Para você apenas
Não para doar
Apenas para receber
Ninguém está ouvindo

no fim da Lime com a rua 10 descendo a estrada verde
e sinuosa
        Passando pelos arbustos ciprestes prosperando após a cerca
de arame
   e dirigindo
            mais ao longe descendo a estrada menos movimentada
         lá está você roupas esportivas desfeitas
Agora te vejo claramente

De pé, estoico, azul e jeans
olhos não azuis mas claros como
o céu

você não quer ser esquecido

você só quer desaparecer

EVERG

SportCruiser

Fiz uma aula de voo no meu aniversário de 33 anos ao invés de te ligar
ou estacionar no quarteirão onde era a nossa casa
Genesee
Genesee
Genesee
Patético, eu sei, mas eu ainda gosto de estacionar às vezes naquela rua
e almoçar no carro só para me sentir perto de você.
Um dia eu era apaixonada pela minha vida aqui
naquele apartamento studio com você
pequenas flores amarelas no topo de árvores como nossa única vista
da nossa única janela — grande o bastante para que eu visse nosso
futuro através dela.
Mas acabou que eu era a única que conseguia vê-lo.
Condomínio idiota. Maldito você. Você por quem espero
Você
Você
Você
Como um disco arranhado preso em loop.

Então naquele dia no meu aniversário eu pensei que algo precisa mudar,
não pode ser sempre sobre esperar por vc

Não conte a ninguém mas
parte do meu raciocínio em fazer aula de voo era essa ideia
de que se eu pudesse me tornar minha própria navegadora — uma capitã dos céus
talvez eu pudesse parar de buscar uma direção — em você.

Bem, o que começou como uma ideia por capricho se tornou
algo mais. Tímida demais para explicar aos donos que minha primeira
aula era só uma única aula. Eu continuei indo às aulas
toda semana. Naquele aeródromo pequeno e precioso em Santa Mônica
e Bundy.

E tudo estava indo bem nós estávamos começando com inclinações e
rotações. E aí algo terrível aconteceu —
durante minha quarta aula no céu, meu instrutor —
mais jovem que eu mas tão durão quanto você — me instruiu a fazer uma
manobra simples. Não é que eu não tenha conseguido fazer mas eu
demorei para inclinar o SportCruiser em uma curva ascendente à direita.
Com medo. Com medo de que eu perdesse o controle do avião
Sem tato e sem delicadeza o instrutor balançou a cabeça
e sem olhar pra mim, disse "você não confia em si mesma".
Fiquei horrorizada. Sentindo como se eu tivesse de alguma forma sido desmascarada.
Como se ele me conhecesse — como eu era fraca

Claro que ele apenas estava falando sobre a minha habilidade como pilota
no céu. Mas eu sabia que eu tinha que ouvir aquelas palavras.
para mim elas tinham um significado mais profundo.
Eu não confiava em mim mesma
não somente 2500 pés acima da costa de Malibu
mas em nada. E eu não confiava em você
Eu poderia ter dito algo mas eu fiquei quieta
porque pilotos não são como poetas
eles não fazem metáforas entre a vida e o céu.

Em meio a essa crise de meia-idade um exercício de navegação
e autoexame, também decidi fazer outra coisa que eu
sempre quis fazer — aulas de navegação na vibrante baía
de Marina Del Rey. Eu me inscrevi para a aula como Elizabeth
Grant e ninguém sequer piscava. Então por que eu tinha tanta certeza de que
ao entrar na pequena cabana em Bali Way alguém diria
"você não é capitã de um navio ou a mestra do céu"
Não, o pescador não se importou e eu também não.
E por um breve momento me senti mais eu mesma do que nunca,
deixando as aulas do autoproclamado capitão bêbado me lavarem
como as espumas brancas do mar.
No meio da aula, com minha testa queimada e minhas mãos em carne viva de
tanto fazer o *jibe*, o capitão me disse a coisa mais importante que eu
precisaria saber no mar. Nunca navegue à bolina.
Esse é um termo náutico para não navegar o barco diretamente contra
o vento. Para evitar isso você precisa saber de onde
o vento está vindo. E você talvez não tenha tempo de olhar
para o mastro ou para o cata-vento
então é preciso sentir de onde o vento está vindo —
nas suas bochechas, e nas pontas das ondas brancas —
de qual direção elas estão rolando.
Para isso, ele me passou um exercício.
Ele me disse para fechar os olhos e me pediu que eu sentisse em meu pescoço
em qual direção o vento soprava. Eu já sabia que
erraria.
"O vento está vindo de todos os lados — eu o sinto por toda parte."
Disse a ele.
"Não", ele respondeu. "O vento está vindo da esquerda. À bombordo."
Fiquei esperando que ele me dissesse "você não confia em si mesma".
Mas ele não disse, então eu disse por ele.
"Eu não confio em mim mesma."
Ele riu, mais gentil que o piloto mas ainda sem perceber
que meu fracasso no exercício me atingia em um nível
muito mais profundo.
"Não é que você não confie em si mesma", ele disse. "É que simplesmente
você não é uma capitã. Não é o que você faz."
Então ele me disse que queria que eu praticasse todos os dias para que eu
pudesse melhorar.
"Em qual mercearia você faz compras?" ele perguntou
"Na Ralphs, nos Palisades", respondi.
"Ok. Quando você estiver na Ralphs nos Palisades — eu quero que —
ao caminhar do seu carro até a loja — feche seus
olhos e sinta de que lado o vento está soprando. Agora não
quero que você pareça uma maluca agachada no meio
do estacionamento mas onde quer que esteja — quero que você
tente descobrir de que lado o vento está vindo e então determine
se está à bombordo ou estibordo assim quando você
estiver de volta ao barco terá uma noção melhor."
Eu achei o conselho dele adorável. Eu já conseguia me
imaginar no estacionamento cerrando meus olhos com
donas de casa perfeitas observando. Eu conseguia me imaginar tendo uma
noção melhor de onde o vento soprava e enquanto isso
um pequeno traço de confiança mais profundo também começou a crescer
dentro de mim.

Pensei em mencionar isso mas eu não o fiz.
Porque capitães não são como poetas
eles não criam metáforas entre o mar e o céu.
E enquanto pensava isso comigo mesma
Eu percebi —
é por isso que escrevo.

Todo esse circum-navegar pela terra
era para voltar à minha vida
6 viagens à lua para minha poesia despertar
Eu não sou uma capitã
Eu não sou uma pilota
Eu escrevo
Eu escrevo.

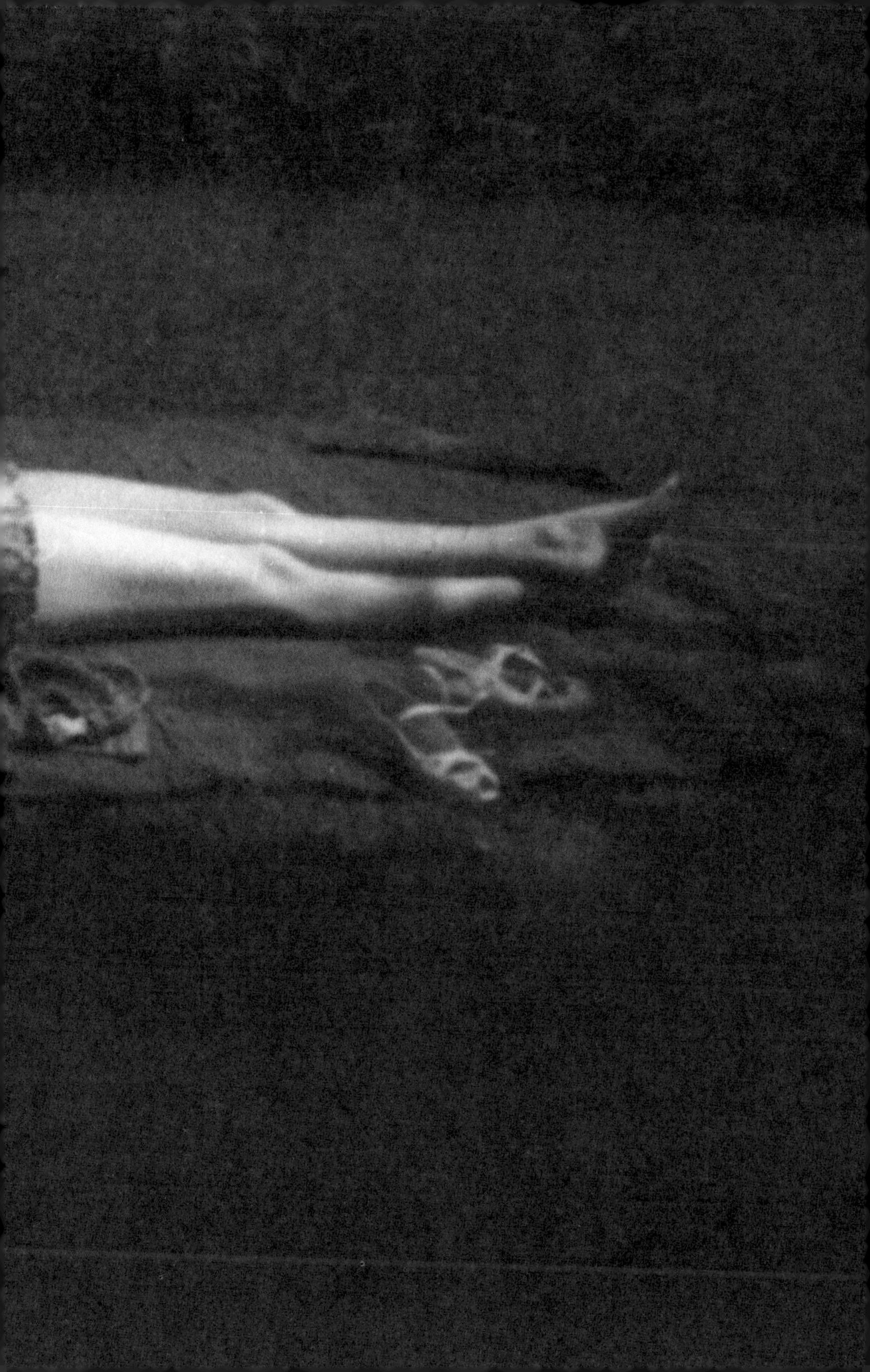

Quiet Waiter- Blue forever

You move like water sweet baby sweet waiter
making the night smile to no one you xcater
quiet wood worker from midnight till later
my lover my laughter my armor my maker
The way that I feel with you is something like aching
inside my stomach the cosmos are baking
A universe hung like a mobile
the alignment of these planets unique
In me the earth moves around the sun
no land all sea
water world
sun chaser
tropic of cancer
southern equater
i'm the crying crustacean
sunbathing on paper
moon.
Let's rewrite the beginning of this primordial ooze
shall we my love?
Am i being brazen for saying this year makes me feel
like we could've wrote it better
than him (rhyme w moon?)
But who am I
just a girl in love scribbling ~~in~~ ~~journals~~ dreaming on paper
rearranging the salt and the pepper
in love with you
my ~~blue~~ quiet waiter
~~forever~~
summer
~~quiet waiter~~
weather Blueforever?
Call me when you're done with work / the darker the better
i'll pick you up later

the darker the better

Call me when youre done w/work
the later the better ?
the later the better

Alternative

In love w/ you
My Blue forever
Summer quiet waiter
call me when youre done w/ work
the later the better
the later the better?

in lo
My q
Sum
Blue
Call me wh
with work
I'll pick u up
the darker the Better

Garçom Silencioso - Triste para sempre

Você se move como a água doce bebê doce garçom
fazendo a noite sorrir para ninguém que você serve
silencioso carpinteiro da meia-noite até mais tarde
meu amante meu riso minha armadura meu criador
A forma como me sinto com você é algo como uma dor
dentro do meu estômago o cosmos está em fervor
Um universo suspenso como um móbile
o alinhamento desses planetas é único
em mim a terra gira ao redor do sol
sem terra só mar
mundo de água
caçador de sol
trópico de câncer
sul do equador
eu sou o crustáceo chorando
tomando banho de sol em uma lanterna
de papel.
Vamos reescrever o começo dessa gosma primordial
vamos meu amor
Estou sendo ousada ao dizer que este ano me faz sentir
como se pudéssemos ter escrito isso melhor
que ele?
Mas quem sou eu
apenas uma menina apaixonada sonhando no papel
reorganizando o sal para a pimenta
apaixonada por você
meu garçom silencioso
Verão
triste
Para sempre
me ligue quando terminar o trabalho
te busco mais tarde
quanto mais escuro melhor
meia-noite e cinco
quanto mais escuro melhor

Meu quarto é um lugar sagrado agora — Há crianças aos pés da minha cama

Ano passado quando eu te escrevi minha última carta
(o começo da minha poesia futura)
Eu reconheci quem você era pela primeira vez.
Não te chamei por nenhum outro nome
Eu deixei você saber que eu sabia a verdadeira natureza do seu coração —
que ele era maligno
que ele me convenceu que a escuridão é real
que o diabo é um diabo de verdade
e que monstros nem sempre sabem que são monstros.

Mas projeção é algo interessante
depois que você incendiou a casa
você tentou me convencer de que era eu que estava segurando os fósforos
Você me disse que eu não sabia o que eu tinha feito
Você disse que eu não sei quem eu sou

Mas eu sei quem eu sou.

Eu amo Jardins de Rosas
Eu compro violetas toda vez que alguém me deixa
Eu amo as grandes sequoias de Yosemite
e se você pedisse para minha irmã descrever a primeira coisa que vem à mente quando pensa em mim
ela diria
fumaça de lenha

Eu sou gentil
Eu sou engraçada
quando estou bêbada
embora eu não fique bêbada há 14 anos

Eu faço viagens à praia com meus amigos que não sabem
que eu sou louca.
Eu posso fazer isso.
Eu posso fazer qualquer coisa —
até mesmo te deixar

porque meu quarto é um lugar sagrado agora
há crianças aos pés da minha cama
me contando histórias sobre os amigos que elas fingem odiar
e com quem elas farão as pazes amanhã —
e há flores recém-cortadas que eu mesma cultivei
em vasos sobre mesas de cabeceira esculpidas à mão por velhos
amigos de Big Sur e quanto mais eu fico aqui, mais tenho certeza
que quanto mais eu começo a me tornar uma poeta menos
eu me vejo estando com você
quanto mais eu mergulho em minha poesia menos eu me vejo
estando com você
quanto mais eu mergulho em
minha poesia menos eu
me vejo estando com você
quanto mais eu mergulho em minha poesia menos eu me
vejo estando
com você
quanto
mais
eu começo a me tornar uma poeta
menos eu vou acabar na
cama
com
você.

Nas colinas de Benedict Canyon

O amor tem espaço para crescer nas colinas de Benedict Canyon
Minha luz verde da máquina de escrever está acesa
e há dois meses de distância entre mim e meu último homem
Nenhum plano de duplo homicídio pairando sobre terrenos baldios
dos vizinhos que observo ao crepúsculo, ainda claro o suficiente
para o ônibus Starline continuar seu trajeto. Eu ouço o hippie
despejando baboseiras aos pés de Bella Drive
pregando sobre Sharon e a santidade da vida
Ouço atentamente
agradeço pela carona gratuita
e por me lembrar que tudo se resume a uma história
e que é melhor rir do que chorar.

Mas finalmente eu não tenho motivo para lágrimas
não hoje à noite às 19:27
primeira vez em meses que me sinto perto do céu
nas colinas de Benedict Canyon
com o zumbido ao fundo da televisão
o amor tem espaço para crescer.
Chega de segredos chega de motivos para adiar o que eu já sei
Chega de grandes projetos
chega de novas obras sendo iniciadas na Sunset
chega de grandes construções levando tempo demais em Mulholland
chega de parcerias rachando.
chega de melodias desencadeadas encantando os compassos na minha mente.

Não. Apenas sem notícias, sem nada acontecendo às 19:27
ainda não estou pronta para jantar
apenas o zumbido ao fundo da televisão

Eu — de pé na varanda
me perguntando em que fase do crepúsculo o céu está
e contemplando como os Dodgers estão se saindo
e pegando o telefone
para ligar para um velho amigo.

Você somente é tão feliz quanto o seu filho menos feliz

A.G.-7
SMOKE SHO
97th St
FOOD
For
(562)

feliz

você achava que eu era rica e eu sou mas não como você pensa
eu moro em uma casa estilo Tudor sob a rodovia em Mar Vista
perto da praia
quando você liga eu levo meu telefone para fora até a mesa de
piquenique que eu comprei da Rose Bowl
e eu ouço os carros passando acima
e penso sobre a última vez que você me visitou
a última vez que fizemos amor
como o barulho ficava mais alto e mais alto durante o horário de
pico até parecer o som do mar
e era como se o oceano fosse o céu
e eu estivesse voando porque você era sessenta centímetros mais alto
alto que eu até que você me pegou nos braços
e eu pude tocar as estrelas
e elas todas caíram ao redor da minha cabeça
e eu me tornei um anjo
e você me colocou na cama

feliz

As pessoas acham que eu sou rica e eu sou mas não como elas pensam
eu tenho uma caminhonete com um chaveiro de ouro na ignição
e atrás dele está escrito: feliz alegre e livre

feliz

e quando eu dirijo
penso sobre a última vez que meus amigos estavam dirigindo comigo
como o rádio estava tão alto que não conseguíamos ouvir as palavras
então nós nos tornamos a música

feliz

Eles escrevem que eu sou rica e eu sou mas não como eles pensam
tenho um cofre que chamo de caixa do namorado
e nele cada recibo guardado
cada bilhete de cinema só para me lembrar
de todas as coisas que eu amei e perdi e amei novamente
incondicionalmente

Você brinca que eu sou rica e eu sou mas não como você pensa
eu moro em uma casa estilo Tudor sob a rodovia
próxima à Rose Avenue a 12 quadras da praia
e quando você liga eu visto o seu suéter
e coloco você no viva-voz
e converso por horas sob as árvores
e penso sobre a última vez que você esteve aqui deitado ao meu lado
como o barulho dos carros ficava mais alto e mais alto
durante o horário de pico
até parecer o som de um rio ou de um riacho
e parecia que estávamos nadando
mas não era só um sonho
éramos apenas

felizes

Sugarfish

Deixe-me ficar com algo doce
açúcar nas minhas mãos e pés
Sugarfish em San Vicente
açúcar açúcar em meus dentes
do seu beijo de você me mandando mensagens
da poltrona do cinema
Slurpee do Dodger Stadium
confeitos brancos no mar
ondas em pó espumam sobre mim
Uma vidente uma vez me disse
faça coisas que você acha que são doces e um homem doce certamente virá.

Então naquela noite preparei um banho de mel
mergulhei os dedos dos pés em rosa e dinheiro
fiquei a noite toda naquela água do banho
até engoli um pouco.

Agora tem tanto açúcar em mim
Não consigo afastar as abelhas de mim
até a maioria dos meus pensamentos são encantadores
alguns são tristes e emprestados

Açúcar açúcar lábios e dentes
pontas dos dedos tocam emojis
difícil para sempre
corações perfeitos
bb por favor vem aqui

Sweethearts
DREAM BIG

ringtone

Coloquei meu terceiro celular na cintura da minha legging
só vc tem esse número
o 6 plus vibra com o seu ringtone exclusivo
eu sorrio quando ouço risadas simuladas de crianças
porque sei que é vc
são as pequenas coisas que me fazem sorrir
eu as guardo só para mim
gosto tanto de vc
mas fico nervosa quando vc não liga
baixo minha voz e digo
Não me faça ser resiliente
eu quero ser frágil
se você me deixar ser eu mesma
vc será o primeiro que já o fez.

Nos apartamentos de Melrose

O que será preciso para que eu não sinta que o trem vai
fugir comigo amarrada como a heroína triste presa ao último
vagão
O que será preciso para eu não precisar de você
para que eu possa ter você apenas por diversão
e por quem você realmente é

Não você como o salvador
não eu como Ofélia
não nós depositando nossa fé na arte obscura do público

Topanga no domingo?
dois gatos no jardim
a *NPR* murmurando baixinho
um fogo na lareira
eu com uma certeza profunda no meu coração
de que nada poderia me parar nenhum vale seria longe demais
para atravessar a escuridão e nos manter separados.

E que não precisamos de brigas para encontrar resolução
que nem todo casamento termina em dissolução

que eu não preciso de você
mas eu quero você
porque você é tão legal
e eu não estou tão machucada
e vc não está decidido a ser algum diretor indie
ou sejá lá qual for o devaneio que você e seus amigos estão fumando
Que basta para nós apenas
estar sentados nos apartamentos de Melrose
meu coração em chamas
uma lata de cerveja aberta
  Eu te amo Josiah
  Desculpa ainda estar quebrada
mas eu ainda poderia te fazer feliz.
Vamos brindar
  ao saber
  não ao esperar

Ted Prutsman
MIRRORS &

Obrigada aos Locais

Fugi de você para Lake Arrowhead
Eu não te disse para onde estava indo
Eu sabia que eu tinha um período de 24 horas antes de você terminar seu filme
Fui a uma reunião de AA
E minha história soou como um conto de uma dona de casa espancada

Senti os olhos de todos em mim
Os jovens em reabilitação na última fileira pararam de jogar bolinhas de papel uns nos outros e ficaram me encarando
Eu odeio a minha vida pra caralho.

Esperei no estacionamento depois da reunião para que alguma das mulheres locais
se aproximasse de mim
Apenas uma veio, Kira.
"Eu realmente não tenho muitos conselhos para te dar" disse ela

Eu estava perdendo a cabeça
fora do meu alcance
no lugar errado na estação errada na hora errada no rosto errado
e eu sabia disso
Mas não sabia o que fazer

Você me pediu em casamento
Você disse que sua mãe estava morrendo e que não conseguia imaginar sua vida sem uma mulher nela.

Eu fiquei tentada mas não parecia uma oferta boa o suficiente
Eu queria mais que isso
mesmo que eu nunca tenha tido nada.
Ninguém que eu pudesse ligar se eu trocasse meu dólar por moedas para perguntar o que achavam disso.

Mas sempre houve um pedacinho dentro de mim
do tamanho de uma fina fatia de bolo de anjo que sabia
em algum lugar de algum jeito
Que eu merecia coisa melhor que alguém como você.

Então eu voltei para a minha caminhonete no escuro
meu pequeno panfleto amarelo amassado com dois números nele que eu nunca iria ligar
Kira com seu código de área local e felizmente também a sua

madrinha de reabilitação, Gail de Palmdale.

Eu não me senti melhor e não usei os números mas pensei
que eu tinha sido muito corajosa por ter feito o melhor que pude, me
abrindo para uma sala cheia, lágrimas escorrendo pelo meu rosto e caindo
na minha camisa de flanela do colégio
apenas para dizer

"O homem que eu amo me odeia.
Mas seria mais fácil ficar."

Quando as luzes do último carro inundaram meu para-brisa
a noite ficou muito silenciosa
e eu pensei —

Se eu voltar e terminar
Como eu lidaria com dirigir pela sua rua e ela se tornar uma
memória distante
não mais realidade
não mais doce.
Doce o gosto que sinto na minha boca ao dizer seu nome
doce como quando eu era jovem, dirigindo por aquelas estradas antes de
terminarmos
antes que qualquer grande batalha fosse perdida ou vencida
sem que ninguém soubesse
exceto você e eu.

Tão Doce quanto o conceito de amor de um viciado pode ser.
Eu pensei que porque vc estava limpo vc era muito parecido comigo
querendo estar mais próximo de algo grande e livre.
Mas algumas pessoas precisam de seus segredos

E agora a minha maior batalha será
essa melodia desencadeada
No meu coração
Por não ter você perto de mim.
Por fechar a porta para o passado e entrar
às cegas
no abismo
sem destino intacto
a única direção definida na Bússola — seguir em frente.

Então eu dirigi
de um lado para o outro
na rodovia Rim of the World
e a beleza do nome dela me lembrou

Que eu sou bela
Que algumas coisas são belas sem motivo.
Que nem todo mundo precisa fingir que ama sua namorada só
porque sua mãe está morrendo
ou porque tem medo de uma mudança de estação...

De qualquer forma
Não tenho um belo verso para dar resolução a este poema
nada muito eloquente para dizer

exceto que eu fui corajosa
e que teria sido mais fácil ficar

Estou escrevendo o meu futuro

O universo existe
      porque temos ciência dele

O Paraíso é Muito Frágil

O paraíso é muito frágil
e parece que só está piorando
aqui na Flórida estamos lutando contra marés vermelhas tóxicas.
Matança em massa de peixes
Sem mencionar os furacões e o aumento do nível do mar
Lá em Los Angeles as coisas não estão muito melhores
minha casa na árvore que ficou de pé por 60 anos sucumbiu aos
incêndios de Woolsey
quem imaginaria que neste ano aos 33 você seria arrancada
de mim
depois de todos esses anos
construída do zero à mão pelo seu primeiro proprietário.
Piloto de aviação silencioso da 1ª Guerra Mundial
Eu tentei te salvar
mas os cavalos e os pastores-alemães eram mais importantes

O paraíso é muito frágil e parece que só está
piorando
Nosso líder é um megalomaníaco e já vimos isso antes
mas nunca porque era o que o país merecia.
Meus amigos me dizem para parar de ligar para o 911 com frequência
mas é isso ou eu me interno.
Eles não entendem
Sou uma sonhadora
E eu tinha grandes sonhos para o país
Não pelo que ele poderia fazer mas como poderia sentir
Como poderia pensar como poderia sonhar.
Eu sei eu sei — quem sou eu para sonhar por você
é só que na minha cabeça eu nasci com um pouco de
paraíso. Tive sorte nesse sentido
não como meu marido — que nasceu e foi criado no inferno.
Sempre tive algo gentil a oferecer —
todo o meu ser na verdade
é uma das coisas bonitas sobre mim
é uma das coisas bonitas sobre a natureza
Mas ultimamente tenho pensado que eu queria que alguém tivesse me contado
mais sobre os habitantes que prosperam do paraíso quando eu era
mais nova. Que se eles tirarem demais não sobrará
nada para oferecer.
Nem todos têm a natureza boa ou dourada

e você não pode lutar contra o que está na sua natureza.

Foi tudo que fiquei pensando enquanto lutávamos contra os incêndios
em Agoura
Que estou cansada de lutar contra você.
Cansada de você tirando de mim

O paraíso é muito frágil e só está piorando
e toda vez que você vai embora parece que eu penso sobre a maldição
lançada sobre Eva
naquela fatídica noite
em que ela mordeu
aquela árvore frutífera
Você me respira
kundalini
nesta noite de verão
você na minha frente
E você tira e você tira e você tira e você tira
mas você tem gosto de praia em um beijo
doce para os meus olhos marejados
nas minhas veias que rolam você corre cítrico
imagens aquareladas de serpentes em laranjeiras surgem silenciosamente
e crescem doces ao meu redor
E eu continuo achando que poderia fazer isso pra sempre
exatamente assim
mas meu coração é muito frágil
e eu não tenho mais nada a oferecer

Salamandra

Saia do meu sangue salamandra
Parece que não consigo desabafar o suficiente para tirar você da minha cabeça
Te levar ao limite no SoulCycle
correr você do meu sangue até San Pedro
e ainda assim onde quer que eu vá parece que lá está você.
E lá estou eu.

Não quero mais vender minhas histórias pare de me pressionar.
Quero deixá-las embaixo da mesa de cabeceira para serem esquecidas
ou lembradas caso forem encontradas pelos meus pensamentos no meio
da noite depois de um dia de praia
ou por você em alguma tarde —
para folhear — com suas mãos gastas e quentes depois do trabalho.

Eu amo vc
Mas você não me entende

Veja bem eu sou uma poeta de verdade

Minha vida é a minha poesia
o meu fazer amor é o meu legado

Meus pensamentos não estão à venda
eles são sobre o nada
e são belos e gratuitos

eu queria que você pudesse entender isso
e amar isso em mim

porque coisas que não podem ser compradas não podem ser avaliadas
e isso as torna além do alcance humano.

Intocáveis
Seguras
De outro mundo

Incapazes de serem decifradas ou metabolizadas
algo metafísico

Como a vista do mar
num dia de verão na mais perfeita estrada sinuosa
vista pela janela do seu banco de carro

Uma coisa perfeita e pronta para se tornar parte da textura
do tecido de Algo mais etéreo
como o Monte Olimpo
onde Zeus e Atena e o resto dos imortais brincam

Eu amo vc
Mas vc não me entende

Veja bem
Eu sou uma poeta de verdade

Minha vida é a minha poesia
Meu fazer amor é o meu legado

Você pode ter uma vida além dos seus sonhos mais selvagens

tudo o que você precisa fazer é mudar tudo...

tudo o que você precisa fazer é mudar tudo

Tudo o que você precisa fazer é mudar tudo

tudo o que você precisa fazer é mudar tudo

West's handiest credit card
easier than ever to carry and use!
SPORTS
U.S. RULES IBC IS MONOPOLY
Hungarian Strike Ends; Feud Continues

Haicais

Jasmim no ar
o peso da fama é real
nunca pareceu tão nítido

ARBEIT

Você na luz suave
a 405 vindo de Venice
um rio vermelho

Perguntando-me se é crepúsculo astronômico ou crepúsculo civil

STOP

Toda noite eu morro
ao me entregar a você
triste mas belo

Poetas — como os comediantes
são inerentemente muito tristes
melhor a sós

Pisei em um pássaro
chorei nos braços do meu novo namorado
viver é matar

LIQUOR
JESUS

Durante anos te implorei
para que você simplesmente me envolvesse em seus braços
você não o fazia. Não podia.

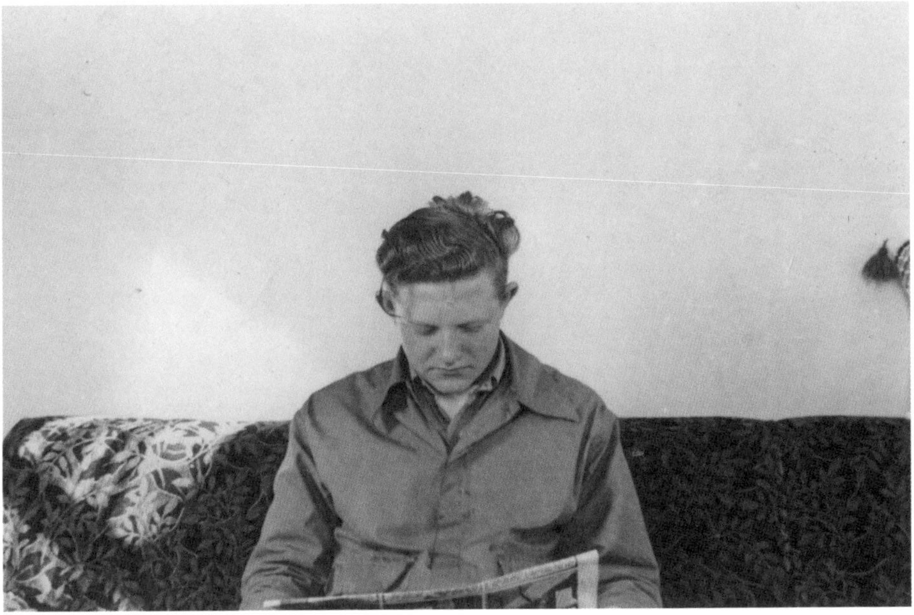

Querido vamos à cidade
comprar algo doce — toranja rosa
comê-la com açúcar

Sem grandes decisões
para o lago ou para o mar
Minha única pergunta

Abra a porta da frente
olá eu digo para ninguém
Sei que ninguém está em casa

notas para um poeta

Rainier

Uma Nota sobre as Imagens

Todas as fotografias coloridas internas por Lana Del Rey © 2020

Fotos em preto e branco para o segundo, terceiro, sexto e nono haicais por Lana Del Rey © 2020

Todas as fotografias de arquivo em preto e branco internas são imagens encontradas e anônimas extraídas do livro Voyagers © 2018, da artista Melissa Catanese e The Ice Plant, editadas a partir da coleção de Peter J. Cohen

Imagem da capa: pintura a óleo de Erika Lee Sears © 2020

Tipografia e design da capa por Ellie Benuska © 2020

Fotografia do autor na contracapa por Lana Del Rey © 2020

Imagens dos papéis de guarda, cortesia de Melissa Catanese e The Ice Plant, da coleção de Melissa Catanese

Seis pinturas a óleo na seção NOTAS PARA UM POETA por Erika Lee Sears © 2020

@editorabelasletras
www.belasletras.com.br
loja@belasletras.com.br
54 99927.0276

Este livro foi composto em JohnDoe e impresso em março de 2025.